Kirstin Gramowski

Als Fußgänger sicher unterwegs

Schritt für Schritt zum Verkehrsprofi in der 1. und 2. Klasse

Dieses Heft gehört

____

Klasse ________

Hase und Igel®
Schülerheft

Hallo, liebes Schulkind,

wir sind Mila und Mio. Wir begleiten dich durch dieses Heft, denn wir haben schon einiges über das richtige Verhalten im Straßenverkehr gelernt. Komm und mach mit!

Auf unseren Straßen ist mächtig viel los! Damit im Straßenverkehr kein Chaos ausbricht, gibt es ein paar Regeln zu beachten. Auch wenn du als Fußgänger keinen Führerschein brauchst, solltest du diese Regeln genau kennen, damit du immer und überall gesund ankommst.

In diesem Heft kannst du unter anderem herausfinden, wie und wo du am besten eine Straße überquerst, wie du im Verkehr gut gesehen wirst und wie du dich auf Fahrrad, Inlineskates und Co. richtig verhältst. Außerdem lernst du, was unterwegs in Bus, Bahn und Auto zu beachten ist, und erfährst die Bedeutung wichtiger Verkehrsschilder. All das erklären wir dir genauer und geben viele hilfreiche Tipps.

Auf manchen Seiten findest du eine Lupe mit einem Suchauftrag. Diesen erledigst du in der Heftmitte auf dem Suchbild (Seite 16/17). Bis zum Ende des Heftes entsteht so ein fertiges Bild mit vielen besonderen Verkehrssituationen.

Für die Erledigung der Aufgaben brauchst du einen Bleistift, Buntstifte und den Stickerbogen aus diesem Heft, denn es gibt viel zu tun: ankreuzen, aufschreiben, malen und aufkleben. Als Hilfe findest du bei den Stickern die entsprechende Seitenzahl. Mit dem Lösungsblatt kannst du deine Ergebnisse kontrollieren.

Viel Spaß beim Lernen und Erkunden wünschen dir

Mila und Mio

www.hase-und-igel.de
Lektorat: Sandra Hummel-Kuhn
Illustrationen: Katrin Kerbusch
Verkehrsschilder: © Shutterstock/stockphoto-graf
Druck: Joh. Walch GmbH & Co. KG, Augsburg

ISBN 978-3-86760-284-6
2. Auflage 2021

Inhalt

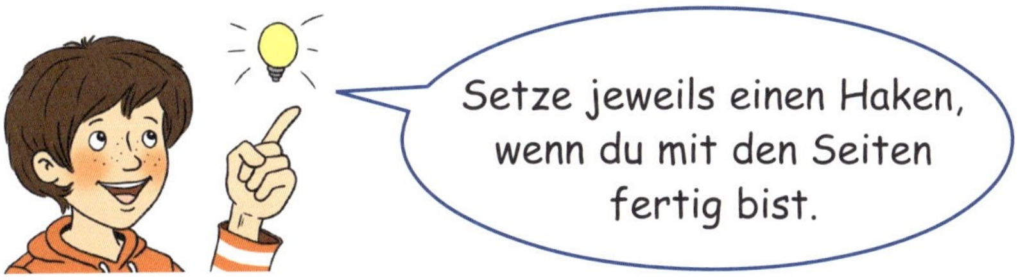
Setze jeweils einen Haken, wenn du mit den Seiten fertig bist.

So ein Verkehr!

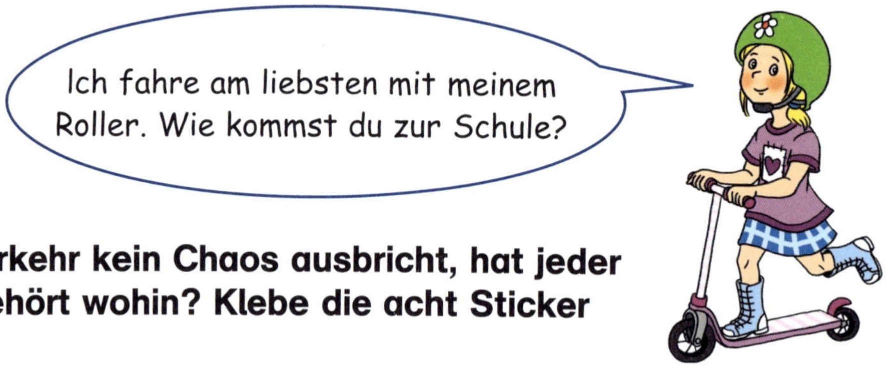

1. Damit im Straßenverkehr kein Chaos ausbricht, hat jeder seinen Platz. Wer gehört wohin? Klebe die acht Sticker passend auf.

2. Verbinde die Satzteile richtig.

Das Flugzeug •	• hat vier Räder.
Das Auto •	• rollt auf zwei Rädern.
Der Zug •	• gleitet übers Wasser.
Das Fahrrad •	• fährt auf Schienen.
In einen Bus •	• passen viele Kinder.
Das Segelboot •	• fliegt am Himmel.

3. Im Straßenverkehr ist jeder unterschiedlich schnell. In welcher Reihenfolge erreichen die Rennfahrer das Ziel? Klebe die Fahrzeugsticker an die passenden Stellen auf der Rennstrecke.

4. Zwei Dinge ergeben zusammen ein neues Wort. Trage die Begriffe ein.

das Rad

+

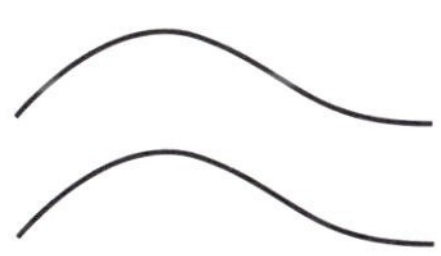
der Weg

Die Frau fährt auf dem ______________________.

3
die Drei

+

das Rad

Mit dem ______________________ darf man nur auf dem Gehweg fahren.

Findest du ein Fahrzeug, das auf Schienen fährt? Male es an.

Richtungen unterscheiden

1. Rechts oder links? Klebe unter jedes Bild das passende Fähnchen vom Stickerbogen.

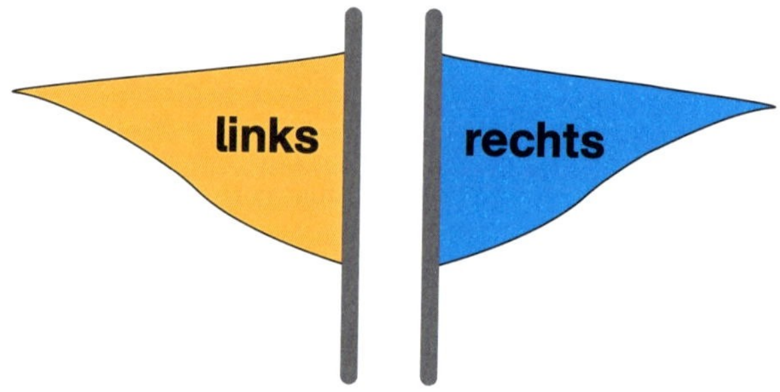

2. Was für ein Gewimmel! Wer bewegt sich wohin? Kreise ein: nach links = gelb, nach rechts = blau.

3. Wer will nach rechts abbiegen? Male blau an. Wer will nach links abbiegen? Male gelb an.

4. Rechts oder links? Ergänze die Sätze.

linke | rechten | links | rechts | rechte

Das Auto möchte nach ______ abbiegen.

Der Bus fährt auf der ______ Straßenseite.

Mila hebt die ______ Hand.

Mio hält Milas ______ Hand.

Er schaut nach ______ .

Suche ein Auto, das nach rechts abbiegen will. Male es blau an. Suche ein Auto, das nach links abbiegen will, und male es gelb an.

Sehen und gesehen werden

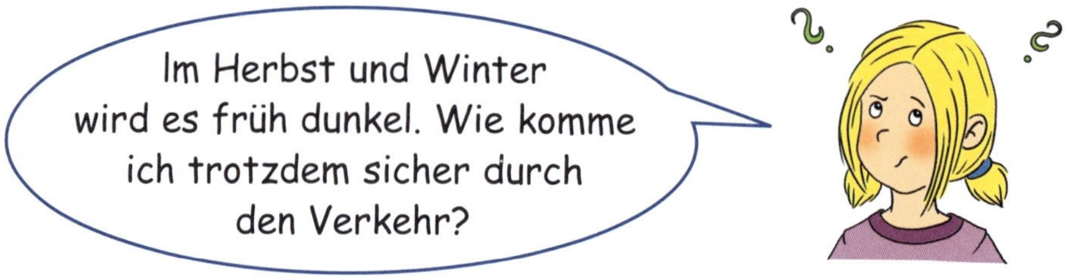

1. Sieh dir das Bild an. Welche Personen sind im Dunkeln wohl gut zu erkennen, welche nicht? Male ☺ oder ☹ in die Kreise.

2. Male den Hintergrund im Bild oben schwarz an. Nun kannst du überprüfen, ob deine Vermutungen richtig waren.

3. Womit wirst du in der Dunkelheit besser gesehen? Kreise ein.

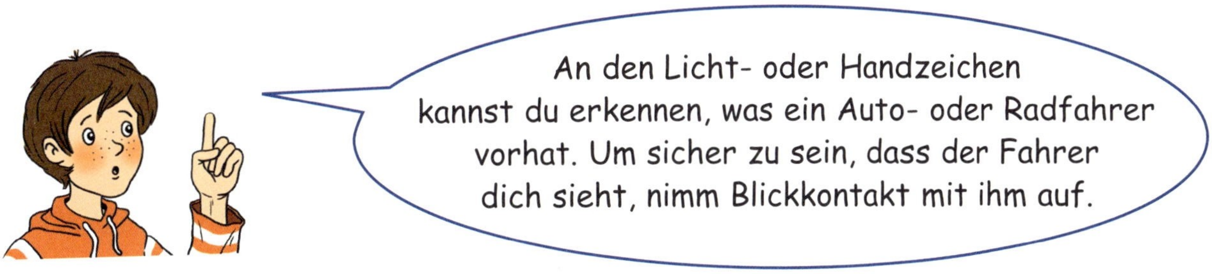

4. Was haben die Verkehrsteilnehmer vor? Was bedeuten ihre Zeichen? Ergänze die Sätze.

aussteigen	rechts abbiegen	bremst	fährt rückwärts

Der Radfahrer möchte ______________________.

Der Autofahrer ______________________.

Der Autofahrer ______________________.

Eine Person möchte ______________________.

Suche die beiden Kinder mit dem Hund. Male ihre Kleidung so an, dass sie auch im Dunkeln gut zu erkennen sind.

Der Fußgängerüberweg

Auf meinem Weg zur Schule überquere ich drei Straßen an einem Fußgängerüberweg. Da fühle ich mich sicher!

1. Nach welchem Tier ist der Fußgängerüberweg benannt? Setze das Wort richtig zusammen und ergänze den Satz.

E R Z B A

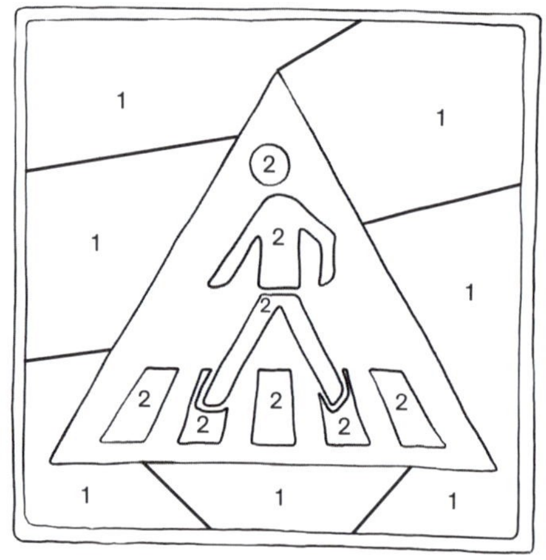

Der Fußgängerüberweg wird auch ________ streifen genannt.

2. Male das Verkehrsschild oben an.

1 = blau
2 = schwarz

3. Die Kinder überqueren die Straße. Wer verhält sich richtig, wer nicht? Male ☺ oder ☹ in die Kreise.

Wie viele Zebrastreifen überquerst du auf deinem Schulweg?

4. Mio überquert auf dem Schulweg die Straße an einem Zebrastreifen. Klebe die Bilder vom Stickerbogen in der richtigen Reihenfolge auf.

1. Mio bleibt vor dem Zebrastreifen stehen und beobachtet den Verkehr.

2. Bei einer Lücke gibt Mio Handzeichen. Er schaut nach links, nach rechts und noch einmal nach links.

3. Wenn alle Autos stehen und der Zebrastreifen frei ist, geht er mit ausgestrecktem Arm los.

4. In der Straßenmitte schaut Mio noch einmal nach rechts und geht zügig weiter bis zur anderen Straßenseite.

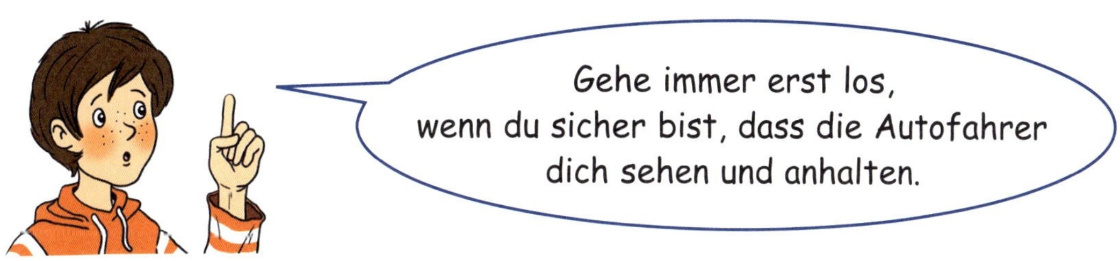

Zwei Kinder überqueren die Straße am Zebrastreifen ohne Skateboard. Ein Kind verhält sich richtig. Male seine Kleidung grün an. Male die Kleidung des anderen Kindes rot an.

An der Ampel

Weißt du schon,
wann du an einer Ampel stehen bleiben
musst und wann du gehen darfst?

1. Die Ampel ist eine weitere Möglichkeit, sicher über die Straße zu kommen. Klebe die Ampelmännchen vom Stickerbogen passend auf.

Hier muss
ich warten.
Die Autos
dürfen starten.

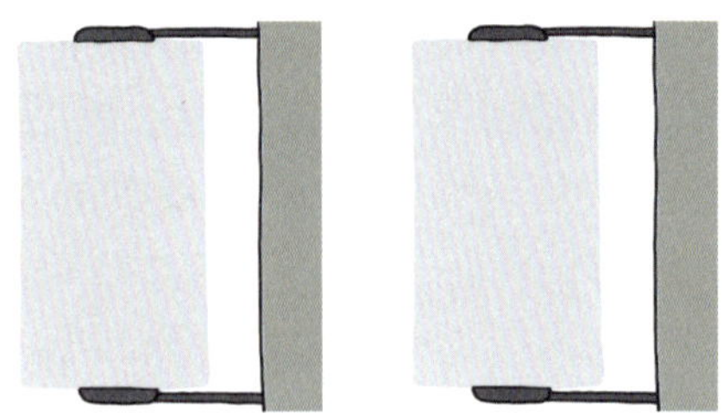

Hier darf
ich gehen.
Die Autos
müssen stehen.

2. Was bedeutet das Lichtzeichen? Trage jeweils das richtige Wort ein.

Straße | gehen | warten | Gehweg

Ich darf ______________.

Ich warte auf dem ______________.

Ich gehe zügig über dic ______________.

Hier muss ich ______________.

Bei Rot muss ich stehen,
bei Grün darf ich gehen.
Wie viele Ampeln gibt es
auf deinem Schulweg?

3. Welche Ampel leuchtet rot, welche leuchtet grün? Male richtig an. Male grau, wo kein Licht leuchtet.

4. Wie sollte Mila sich beim Überqueren der Straße an einer Fußgängerampel verhalten? Kreuze an.

Wenn die Ampel grün ist,

☐ schaut Mila immer noch einmal, ob wirklich alle Fahrzeuge halten. Erst dann überquert sie die Straße.

☐ kann Mila ohne zu schauen loslaufen. Die Autos müssen halten.

Wenn Mila bei Grün losgegangen ist und die Ampel auf Rot schaltet,

☐ geht sie schnell wieder zurück.

☐ geht sie zügig weiter. Sie bleibt nicht stehen und geht auch nicht zurück.

Manchmal fallen Ampeln aus. Dann regelt ein Polizist den Verkehr. Suche den Verkehrspolizisten und male ihn an.

Richtig gut zu Fuß!

1. Es gibt noch weitere Möglichkeiten, die das Überqueren der Straße für Fußgänger sicherer machen. Verbinde, was zusammenpasst.

Unterführung	Verkehrsinsel	Verkehrshelfer	Fußgängerbrücke

2. Mio möchte zu Mila auf die andere Straßenseite. Welchen Weg sollte er nehmen? Spure jeweils den sichersten Weg grün nach.

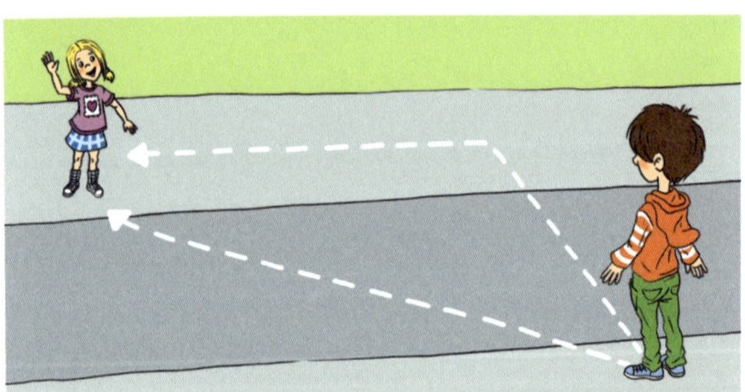

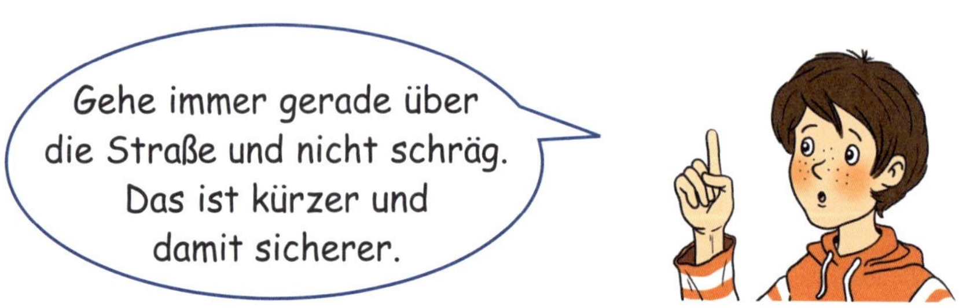

3. Mila muss die Straße ohne Hilfe von Ampel oder Zebrastreifen überqueren. Nummeriere die Sätze passend zu den Bildern. Trage die fett gedruckten Satzteile in der richtigen Reihenfolge als Lösung ein.

◯ Mila hat den Gehweg erreicht und geht weiter. **AU!**

◯ In der Straßenmitte schaut Mila nochmals nach rechts. Wenn die Straße frei ist, geht sie zügig weiter. **N**

◯ Am Bordstein schaut Mila nach links, rechts und wieder nach links, ob die Fahrbahn frei ist. **AU**

◯ Wenn alles frei ist, geht Mila zügig los. **GE**

◯ Mila wartet auf dem Gehweg, bis die Autos vorbeigefahren sind. **SCH**

Lösungssatz:

1	2	3	4	5

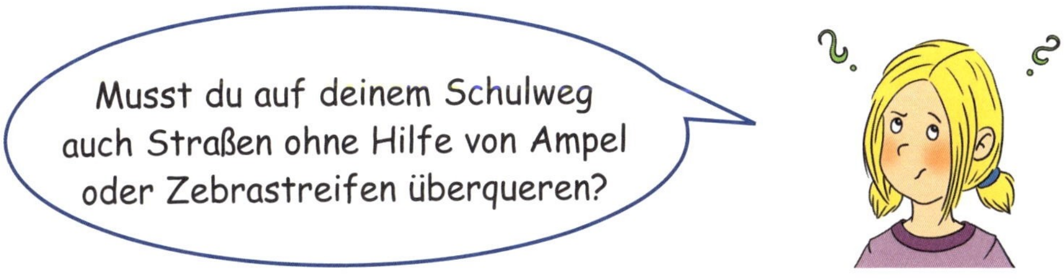

Suche den Verkehrshelfer und male ihn an.

U U
U7

Stickerbogen

Seite 4

Seite 5

Seite 6

Seite 12

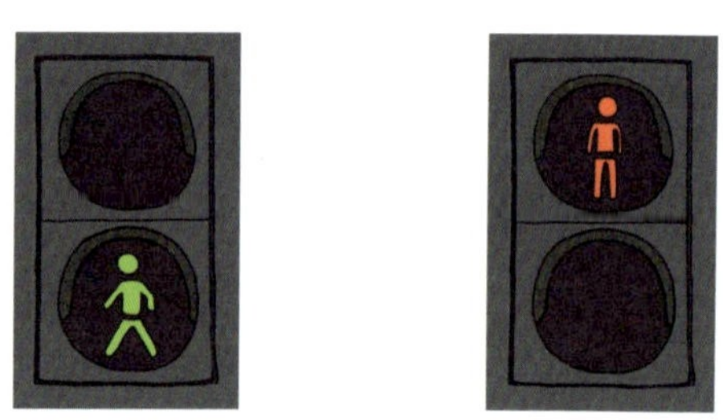

Seite 21

Seite 27

Lösungen

Seiten 4 / 5

Aufgabe 1: Fußgänger – Gehweg, Auto – Straße, Bus – Straße, Radfahrer – Straße, Lkw – Straße, Zug – Bahngleise, Segelboot – See, Flugzeug – Himmel

Aufgabe 2: Das Flugzeug fliegt am Himmel. Das Auto hat vier Räder. Der Zug fährt auf Schienen. Das Fahrrad rollt auf zwei Rädern. In einen Bus passen viele Kinder. Das Segelboot gleitet übers Wasser.

Aufgabe 3: 1. Auto, 2. Motorroller, 3. Fahrrad, 4. Tretroller

Aufgabe 4: Die Frau fährt auf dem Radweg. Mit dem Dreirad darf man nur auf dem Gehweg fahren.

Seiten 6 / 7

Aufgabe 1: nach links: Kind auf Roller, Radfahrerin, Mila, nach rechts: Skateboarderin, Auto

Aufgabe 2: nach links (gelb): Radfahrerin, Segelboot, Lkw, Frau auf Inlinern, Kind auf Fahrrad, nach rechts (blau): Mila auf Roller, Bus, Flugzeug, Auto, Fußgänger, Motorrollerfahrer

Aufgabe 3: im Uhrzeigersinn: Das Auto will nach links (gelb). Der Radfahrer will nach rechts (blau). Der zweite Radfahrer will nach links (gelb). Der Bus will nach rechts (blau).

Aufgabe 4: Das Auto möchte nach links abbiegen. Der Bus fährt auf der rechten Straßenseite. Mila hebt die linke Hand. Mio hält Milas rechte Hand. Er schaut nach rechts.

Seiten 8 / 9

Aufgabe 1:

Aufgabe 3: Ranzen mit Reflektoren, helle Mütze, helle Jacke mit Reflektoren, Stirnlampe, Warnweste

Aufgabe 4: Der Radfahrer möchte rechts abbiegen. Der Autofahrer fährt rückwärts. Der Autofahrer bremst. Eine Person möchte aussteigen.

Seiten 10 / 11

Aufgabe 1: Der Fußgängerüberweg wird auch Zebrastreifen genannt.

Aufgabe 2:

Aufgabe 3:

Aufgabe 4:

1.

2.

3.

4.

Seiten 12 / 13

Aufgabe 1: Rot: Hier muss ich warten. Grün: Hier darf ich gehen.

Aufgabe 2: Ich darf gehen. Ich warte auf dem Gehweg. Ich gehe zügig über die Straße. Hier muss ich warten.

Aufgabe 3:

Aufgabe 4: Wenn die Ampel grün ist, schaut Mila immer noch einmal, ob wirklich alle Fahrzeuge halten. Erst dann überquert sie die Straße.
Wenn Mila bei Grün losgegangen ist und die Ampel auf Rot schaltet, geht sie zügig weiter. Sie bleibt nicht stehen und geht auch nicht zurück.

Seiten 14 / 15

Aufgabe 1:

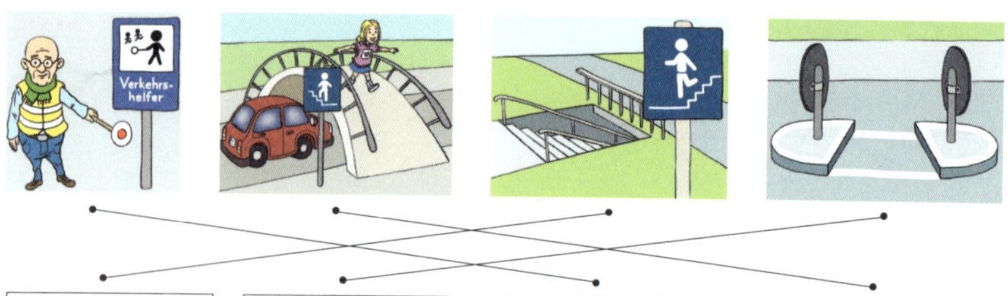

Unterführung | Verkehrsinsel | Verkehrshelfer | Fußgängerbrücke

Aufgabe 2:

Aufgabe 3: Lösungssatz: SCHAU GENAU!

Seiten 18 / 19

Aufgabe 1: Ich plane genügend Zeit für meinen Weg ein.
Wenn es einen Zebrastreifen gibt, gehe ich dort über die Straße.
Ich nutze die Fußgängerampel, auch wenn ich dafür einen kleinen Umweg laufen muss.
Hefte oder Bücher gehören in meinen Schulranzen, damit ich beim Laufen nicht abgelenkt bin.

Aufgaben 3/4:

Achte auf getrennte Geh- und Radwege!

Schaue immer nach dem Verkehr, bevor du über die Straße gehst!

Nutze Verkehrshilfen beim Überqueren einer Straße!

Straße und Gehweg sind kein Spielplatz!

Seiten 20/21

Aufgabe 1:

Radweg

Gehweg

Getrennter Geh- und Radweg

Gemeinsamer Geh- und Radweg

Verkehrsberuhigter Bereich

Fußgängerzone

Aufgabe 2: Hanna, Maja und Tom müssen auf dem Gehweg fahren.

Aufgabe 3:

Seiten 22/23

Aufgaben 1–3:

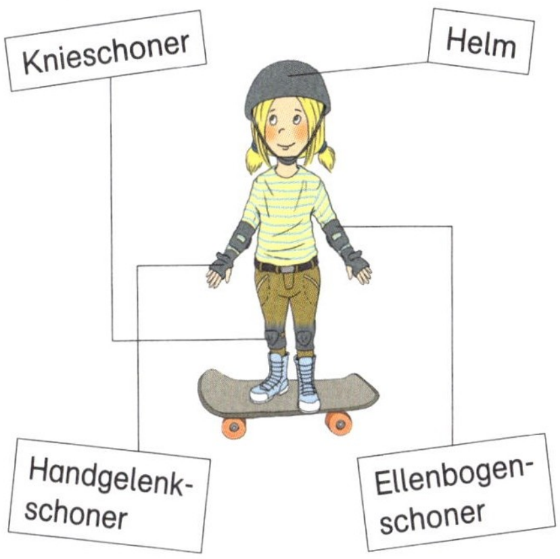

Aufgabe 4:

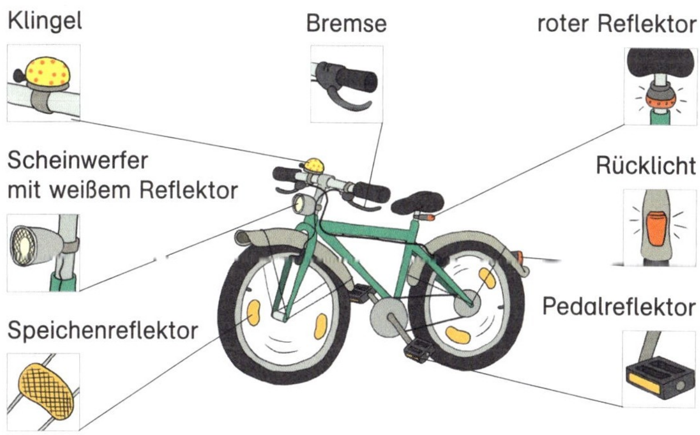

Seiten 24/25

Aufgabe 1: Ich fahre vorsichtig an die Einfahrt heran und schaue, ob das Auto wartet.
Ich fahre vorsichtig weiter und schaue, ob die Person im Auto mich kommen sieht.
Ich fahre vorsichtig weiter, da ich nicht sehen kann, ob jemand hinter der Kurve ist.
Ich klingle und fahre vorsichtig an den Fußgängern vorbei, wenn sie mich gesehen haben.

Aufgabe 2: Sie fragt ihn, ob er starke Schmerzen hat.
Sie tröstet und beruhigt ihn.
Sie versucht, selbst ruhig zu bleiben.
Sie hilft ihm beim Aufstehen.
Wenn er sich schwer verletzt hat, holt sie Hilfe.

Aufgabe 3: Notrufnummer: 112

Aufgabe 4: Wie heißt du? Was ist passiert? Wie viele Verletzte gibt es? Wo ist der Unfall passiert?

Seiten 26 / 27

Aufgabe 1:

S-Bahn U-Bahn Bus

Aufgabe 2: Gehe nie direkt vor oder hinter einem Bus über die Straße.
Halte genügend Abstand zum Fahrbahnrand oder den Gleisen.
Tobe oder drängle nicht an der Haltestelle.
Klettere nicht über die Sitze.
Biete Personen, die schlecht stehen können, deinen Sitzplatz an.
Steige immer vorsichtig aus.
Nimm Rücksicht auf die anderen Fahrgäste.

Aufgabe 3:

4 Kinder sind im Bus. 5 Kinder warten an der Bushaltestelle.
4 + 5 – 1 = 8 Kinder sitzen im Bus.
Der Mann läuft nach rechts. Das Kind fährt nach links.

Seiten 28 / 29

Aufgabe 3: Sie sollten für Joost, Kai und Mio einen Kindersitz haben.

Aufgabe 4:

Aufgabe 5: Lösungssatz: GURT SEI DANK!

Seiten 30 / 31

Aufgabe 1:

Achtung, hier kann der Gehweg schmutzig und eng sein.

Achtung, hier können Kinder über die Straße rennen.

Aufgabe 2:

Aufgaben 3 / 4:

Verbote:

Warnungen:

Vorschriften:

Seite 23

Seite 22

Seite 30

Seite 32 (für das Suchbild)

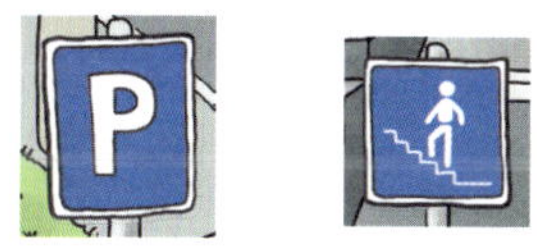

Seite 11

SCHULE
Bäcker
Bäckerei

Zur Schule? Aber sicher!

Ich kenne den kürzesten Weg zur Schule.
Aber der Weg am Zoo vorbei ist spannender.

Kurz? Spannend? Schön und gut.
Aber kennst du auch den sichersten Weg?

1. Im Straßenverkehr ist deine Sicherheit das Wichtigste. Kreise grün ein, was dir hilft, sicher ans Ziel zu kommen.

Ich plane genügend Zeit für meinen Weg ein.

Wenn es einen Zebrastreifen gibt, gehe ich dort über die Straße.

Ich nutze die Fußgängerampel, auch wenn ich dafür einen kleinen Umweg laufen muss.

Weil ich keine Lust habe, an der Ampel zu warten, gehe ich weiter vorn schon über die Straße.

Hefte oder Bücher gehören in meinen Schulranzen, damit ich beim Laufen nicht abgelenkt bin.

Ich gehe dort über die Straße, wo ich will, der Zebrastreifen ist mir zu weit weg.

Ich mache jeden Morgen ein Wettrennen mit meinem Freund zur Schule.

Weil mir beim Laufen langweilig ist, schau ich mir ein Buch an.

2. Manchmal muss man zwischen parkenden Autos die Straße überqueren. Sei dabei besonders vorsichtig. Übe mit einem Partner. Einer ist Fußgänger, einer spielt ein vorbeifahrendes Auto. Wechselt danach.

1. Stellt vier Stühle als parkende Autos hintereinander auf.
2. Suche als Fußgänger die größte Lücke zwischen zwei Fahrzeugen.
3. Gehe vorsichtig zwischen den Autos durch und bleibe stehen. Kommt ein Fahrzeug auf der Straße?
4. Sieh nach links, rechts und wieder links. Wenn alles frei ist, gehe los.

3. Im Straßenverkehr muss man auf vieles achten. Wer verhält sich richtig? Male ☺. Wer macht etwas falsch? Male ☹.

Schaue immer nach dem Verkehr, bevor du über die Straße gehst!

Straße und Gehweg sind kein Spielplatz!

Nutze Verkehrshilfen beim Überqueren einer Straße!

Achte auf getrennte Geh- und Radwege!

4. Verbinde oben jedes Bild mit dem passenden Hinweis.

Zeichne den sichersten Weg von der Schule zum Spielplatz ein. Male dort das Kind auf der Rutsche an.

Auf Geh- und Radwegen

Welche Schilder begegnen dir auf deinem Schulweg?

1. Fußgänger und Radfahrer haben eigene Wege, auf denen sie gehen oder fahren dürfen. Welches Schild ist jeweils richtig? Kreuze an.

Radweg

Gehweg

Getrennter Geh- und Radweg

Gemeinsamer Geh- und Radweg

Verkehrsberuhigter Bereich

Fußgängerzone

Hier darfst du mit dem Fahrrad fahren:
Kinder bis 8 Jahre → auf dem Gehweg
Kinder zwischen 8 und 10 Jahren → auf dem Gehweg oder der Straße
Ab 10 Jahren → auf der Straße

Hier musst du mit Roller, Inlinern oder Skateboard fahren:
Damit zählt man als ***Fußgänger****.*
Deshalb gilt: alle Personen → auf dem Gehweg

2. Wer muss auf dem Gehweg fahren? Klebe das passende Verkehrszeichen vom Stickerbogen auf. Bleibt das Feld grau, muss die Person auf der Straße fahren.

Hanna
10 Jahre

Maja
25 Jahre

Tom
7 Jahre

Peter
46 Jahre

3. Welche Kinder überqueren die Straße richtig? Male ihren Helm grün an. Male den Kindern, die sich falsch verhalten, einen roten Helm.

Zwei Skateboarder überqueren die Straße. Einer verhält sich richtig. Male ihn grün an. Male den anderen rot an.

Unterwegs auf Rädern

1. Lies die Sätze und male.

Mila trägt eine braune Hose.
Ihr Pullover ist gelb-blau geringelt.
Milas Skateboard ist grau. Die Räder sind rot.

2. Mila möchte Skateboard fahren. Sorge dafür, dass sie gut geschützt ist. Klebe ihr die Schutzausrüstung vom Stickerbogen richtig auf.

3. Verbinde die aufgeklebte Schutzausrüstung mit den passenden Begriffen.

Profis tragen Helme!
Egal, ob beim Radfahren, auf dem Roller
oder beim Skaten: Der Helm schützt deinen Kopf
vor Verletzungen. Er muss gut sitzen und darf
dir nicht den Blick versperren.

4. Wenn du mit deinem Fahrrad unterwegs bist, muss es verkehrssicher sein. Was darf nicht fehlen? Klebe die Fahrradteile vom Stickerbogen richtig auf.

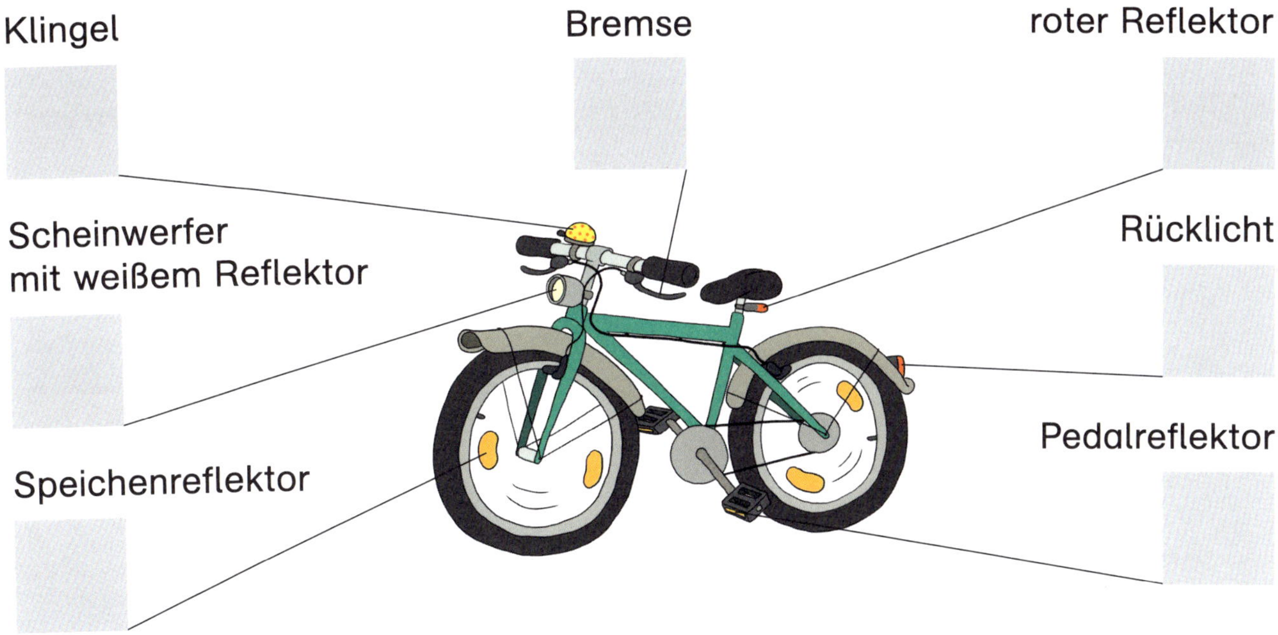

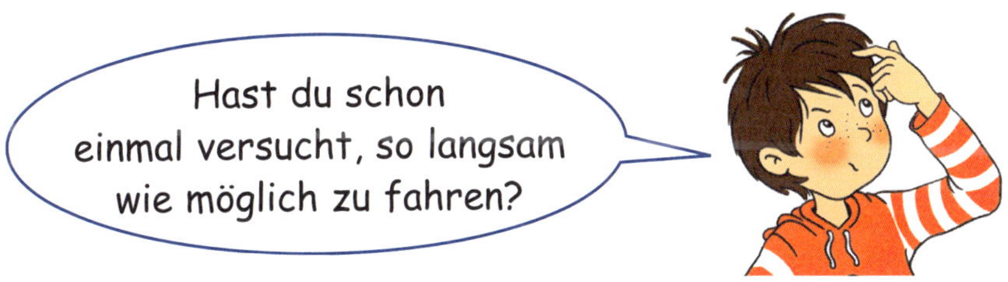

5. Zeit für Bewegung! Geht zu zweit abwechselnd hintereinander her. Der Hintere macht nach, was der Vordermann tut. Haltet zwei Armlängen Sicherheitsabstand ein. Benutzt ein Lineal wie einen Fahrradlenker.

einen Arm zur Seite strecken

schnell fahren

Ideen

im Kreis fahren

Schlangenlinien fahren

über die Schulter schauen

Zwei Radfahrer gefährden sich. Sie tragen keinen Helm. Male beiden einen Helm und ihre Kleidung in hellen Farben an.

Gut aufgepasst!

Im Straßenverkehr muss man achtsam sein. Gibt es gefährliche Stellen auf deinem Schulweg?

1. Sieh dir die Bilder an. Wie würdest du dich jeweils verhalten? Kreuze an.

☐ Ich fahre vorsichtig an die Einfahrt heran und schaue, ob das Auto wartet.

☐ Ich kann einfach weiterfahren. Ich habe hier Vorrang.

☐ Ich kann zügig weiterfahren.

☐ Ich fahre vorsichtig weiter und schaue, ob die Person im Auto mich kommen sieht.

☐ Ich kann vor der Kurve laut klingeln. Dann hört mich jeder.

☐ Ich fahre vorsichtig weiter, da ich nicht sehen kann, ob jemand hinter der Kurve ist.

☐ Ich klingle und fahre einfach weiter.

☐ Ich klingle und fahre vorsichtig an den Fußgängern vorbei, wenn sie mich gesehen haben.

Suche die Zwillinge. Einer verhält sich richtig. Male seinen Luftballon grün an. Der andere verhält sich falsch. Male ihm einen roten Luftballon.

2. Mio ist mit seinem Skateboard gestürzt. Sein Knie blutet und er weint. Mila ist bei ihm. Wie reagiert sie richtig? Kreuze an.

- ☐ Sie fragt ihn, ob er starke Schmerzen hat.
- ☐ Sie tröstet und beruhigt ihn.
- ☐ Sie fährt einfach weiter.
- ☐ Sie versucht, selbst ruhig zu bleiben.
- ☐ Sie lacht über ihn.
- ☐ Sie hilft ihm beim Aufstehen.
- ☐ Wenn er sich schwer verletzt hat, holt sie Hilfe.

3. Rechne die Aufgaben aus und du erfährst die Notrufnummer des Rettungsdienstes. Trage sie rechts ein.

8 − 7 = ☐ 0 + 1 = ☐ 6 − 4 = ☐

NOTRUF

☐	☐	☐

4. Du hast die Notrufnummer gewählt. Welche Informationen braucht die Rettungsleitstelle von dir? Male die entsprechenden Kästchen grün an.

- Wie heißt du?
- Was ist dein Lieblingstier?
- Was ist passiert?
- Wie viele Verletzte gibt es?
- Wo warst du letzten Montag?
- Wo ist der Unfall passiert?
- Wo gehst du zur Schule?

Wie geht das mit Bus und Bahn?

Meine Freundin Hanna kommt immer mit dem Bus zur Schule. Welche öffentlichen Verkehrsmittel hast du schon genutzt?

1. Es gibt verschiedene öffentliche Verkehrsmittel. Kennst du die Zeichen dafür? Verbinde.

S •	• Bus
U •	• S-Bahn
H •	• U-Bahn

2. Beim Fahren mit Bus oder Bahn müssen Regeln beachtet werden. Ordne die Verben richtig zu.

Halte *Tobe* *Gehe* *Klettere* *Nimm* *Steige* *Biete*

__________ nie direkt vor oder hinter einem Bus über die Straße.

__________ genügend Abstand zum Fahrbahnrand oder den Gleisen.

__________ oder drängle nicht an der Haltestelle.

__________ nicht über die Sitze.

__________ Personen, die schlecht stehen können, deinen Sitzplatz an.

__________ immer vorsichtig aus.

__________ Rücksicht auf die anderen Fahrgäste.

Suche die U-Bahn-Station. Male das Schild richtig an.

3. Suche auf dem Stickerbogen das Schild für die Bushaltestelle und klebe es an die richtige Stelle. Beantworte dann die Fragen.

Wie viele Kinder sind im Bus? ☐ Kinder

Wie viele Kinder warten an der Bushaltestelle? ☐ Kinder

Wie viele Kinder sitzen im Bus, wenn alle einsteigen und ein Kind aus dem Bus aussteigt? Rechne. ☐☐☐☐☐☐☐☐☐☐☐ Kinder

In welche Richtung läuft der Mann mit dem Kinderwagen? Unterstreiche.
nach links / nach rechts

In welche Richtung fährt das Kind mit dem Roller? Unterstreiche.
nach links / nach rechts

Welche Personen verhalten sich richtig? Male sie grün an.

Welche Personen verhalten sich falsch? Male sie rot an.

Sicherheit beim Autofahren

Ich brauche noch einen Kindersitz. Du auch?

1. Trage zuerst dein Alter und deine Größe ein.

Alter: ☐ Jahre **Größe:** ☐☐☐ cm

Kindersitz: ☐ ja ☐ nein ☐ besser ja

2. Brauchst du noch einen Kindersitz oder eine Sitzerhöhung? Lies und kreuze dann oben an.

Wer jünger als 12 Jahre ***und*** *kleiner als 150 cm ist, darf im Auto nur in einem Kindersitz oder auf einer Sitzerhöhung mitfahren.*

Wer mindestens 12 Jahre alt ***oder*** *150 cm groß ist, braucht keinen Kindersitz mehr. Wer kleiner als 150 cm ist, sollte zur Sicherheit trotzdem einen verwenden.*

3. Mio freut sich: Papa fährt ihn und seine Freunde zum Basketballspiel. Für wen sollten sie einen Kindersitz haben? Kreuze an.

☐ ☐ ☐ ☐

Suche das Kind, das sich beim Autofahren gefährlich verhält. Streiche es durch.

4. Wer ist richtig gesichert? Male ☺. Wer ist nicht richtig angeschnallt? Male ☹. Füge mit einem dicken roten Strich den Gurt jeweils passend ein.

5. Lies. Male eine grüne Sprechblase um die richtigen Aussagen. Bilde dann aus den fett gedruckten Satzteilen einen Lösungssatz. Trage ihn unten ein.

Nur wer vorn sitzt, muss sich anschnallen. **ICH**

Der Gurt muss richtig sitzen. **GURT**

Mein Papa fährt ein großes Auto mit Airbag.
Er braucht sich nicht anzuschnallen. **GEBT**

Ich schnalle mich immer an.
Der Gurt kann mir das Leben retten. **SEI**

Wenn ich ganz langsam fahre,
muss ich mich nicht anschnallen. **FAHR**

Wir schreien und streiten nicht im Auto.
Der Fahrer könnte abgelenkt werden. **DANK**

Lösungssatz: ______________________________ !

Denke daran:
Auch auf kurzen Fahrten
musst du dich im Auto immer
anschnallen!

Noch mehr Schilder!

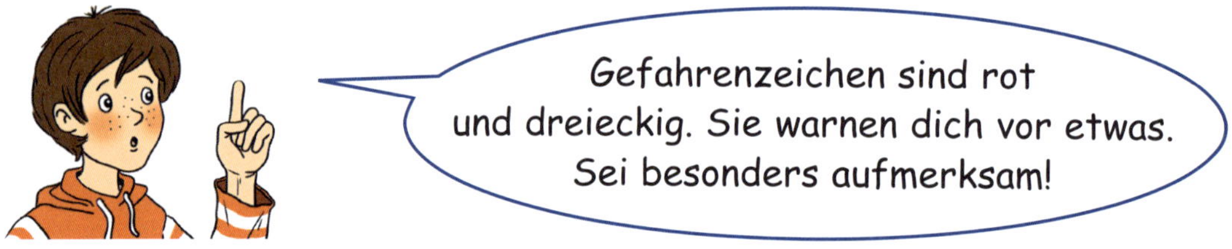

1. Klebe jeweils die fehlende Schilderhälfte vom Stickerbogen auf. Bilde dann zu jedem Schild einen passenden Satz.

Achtung, Baustelle!

Gehweg – schmutzig – eng

Achtung, Kinder!

Kinder – rennen

2. Schilder können durch Bäume und Büsche verdeckt sein. Erkennst du sie trotzdem? Zeichne die Verkehrszeichen fertig.

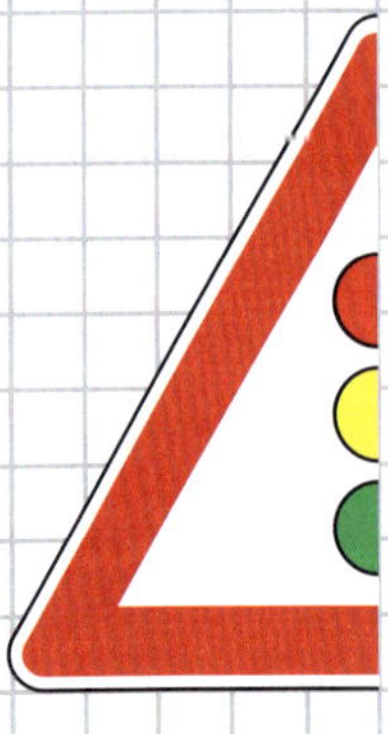

Achtung, Ampel!

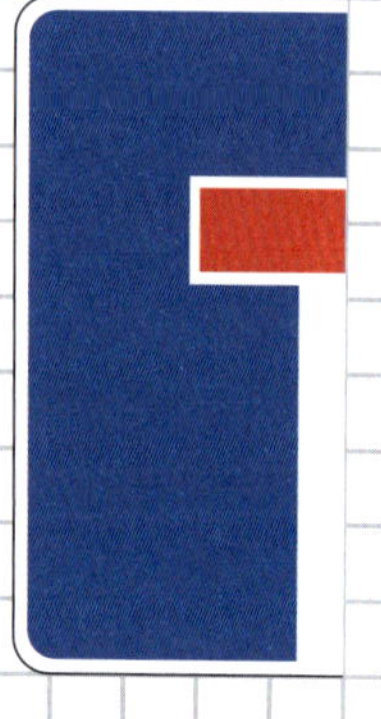

Hier ist eine Sackgasse.

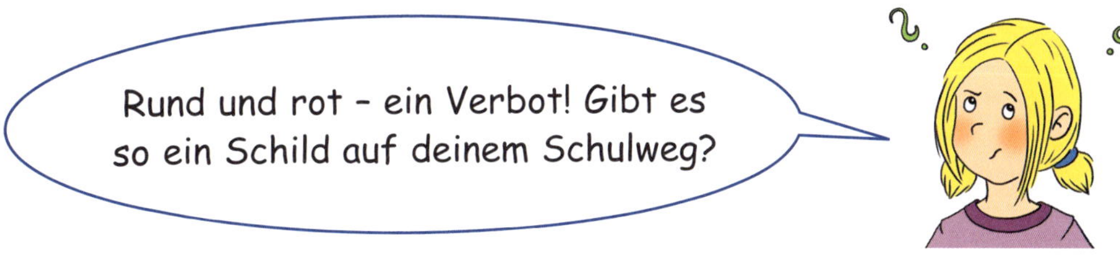

3. Verbot, Warnung oder Vorschrift? Male die drei Verkehrszeichen an.

4. Verbinde oben jeweils die Schilder, die zusammenpassen, mit einer Farbe: Verbote = rot, Warnungen = schwarz, Vorschriften = blau.

5. Erfinde Fantasie-Schilder. Lies, male und schreibe die Bedeutung auf.

Sonderweg
für Dinosaurier

____

verboten!

Achtung,

______________________ !

Suche das Schild „Radweg" und male es an.

Schilderfit und schulwegschlau

Denke an deinen eigenen Schulweg. Schreibe auf und male.

Ich starte hier (Straßenname):

Meine Schule heißt:

Diese Schilder begegnen mir:

Diese Schulweghilfen kann ich nutzen (Zebrastreifen, Schülerlotse ...):

Diese Besonderheiten gibt es (Baustelle, kein Gehweg, Bahnübergang ...):

Ich muss insgesamt ☐-mal eine Straße überqueren.

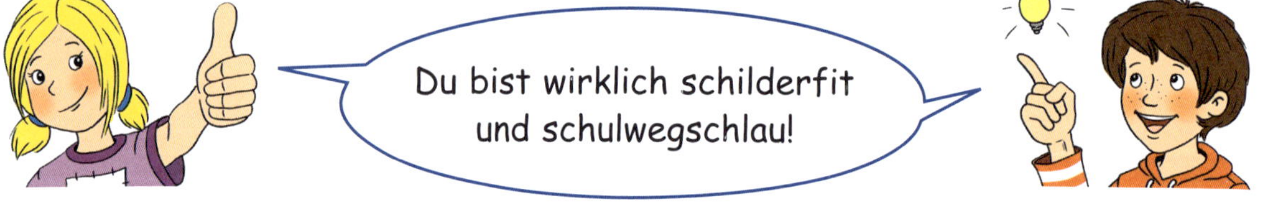

Die Verkehrsschilder „Parkplatz“ und „Fußgängerbrücke“ fehlen auf dem Suchbild noch. Klebe die beiden Sticker passend auf.